I0413803

www.ingramcontent.com/pod-product-compliance
Lightning Source LLC
Chambersburg PA
CBHW050413290526
45786CB00003B/1250
9781542937634